学掌上诵读本

名贤集

丛书主编　张庆利
本书导读　张亮

辽宁师范大学出版社
·大连·

图书在版编目(CIP)数据

名贤集 / 张亮导读. —大连:辽宁师范大学出版社,2017.6(2024.9重印)
(国学掌上诵读本/张庆利主编)
ISBN 978-7-5652-2292-4

Ⅰ.①名… Ⅱ.①张… Ⅲ.①古汉语—启蒙读物 Ⅳ.①H194.1

中国版本图书馆CIP数据核字(2017)第130546号

MINGXIAN JI
名 贤 集

出 版 人:王 星
丛书策划:韩德委
责任编辑:朱国光 邓丽萍
责任校对:侯景芳
装帧设计:方力颖

出 版 者:辽宁师范大学出版社
地 址:大连市黄河路850号
邮 编:116029
网 址:http://www.lnnup.net
http://www.press.lnnu.edu.cn
营销电话:0411-82159915 82159912
印 刷 者:大连金华光彩色印刷有限公司
发 行 者:辽宁师范大学出版社

幅面尺寸:110mm×170mm
印 张:2
字 数:6.5千字

出版时间:2017年6月第1版
印刷时间:2024年9月第6次印刷
书 号:ISBN 978-7-5652-2292-4

定 价:4.00元

写在前面的话

一个人若能知古通今,中外兼备,文理齐修,可称学问大家。国学是中国文化的根,虽然世事巨变,却历久弥新。它对当代人,尤其是青少年可谓学上之学,重中之重。

国学的经史子集内容浩繁,难以卒学。现今学科细化,信息庞杂,而人生有涯,难以应对。要有效掌握优秀传统文化以为日后大用,上上方法必是学习经典之中的经典。

本套丛书我们精选的49部经典作品都是传世名篇,按其难度由低而中及高编排,主要供青少年诵背,成年人也可翻看。

毛泽东、习近平是领袖,也是学问

大家。行文说话时，典故名句信手拈来，恰切精当。这得益于少年时的积累：“我们现在一说话就蹦出来的那些东西，都是小时候记下的。”(习近平语)他们引用的大都是原句，既省俭练达，又原汁原味；既见功底，又富有说服力。若引大意，则思想难新，言语难精，文采大减。

虑及以上，本丛书突显原文，精注不译，给学习者提供在诵背过程中逐渐加深对原文理解与把握的空间，亲身体验“书读百遍，其义自见”的佳境，省去翻看冗长注释和译文的工夫。

每篇开头或中间附有导读文字，简介背景，勾勒大意，可作大致的参考。真正的意旨靠学习者在诵背中不断体会并灵活运用。

现在说说背诵的方法。学语言，学古文，背诵是最好的方法之一，这已被无数古人、今人印证过。背诵中不断领悟，进而融会贯通。背诵是一种笨法、苦差，但又是有效的成法。要背得好，这里提供三种可资借鉴的方法。

其一，背前准备。要朗诵篇章，做到读音正确，停顿恰当，语调合理；要粗通文义，对整篇结构有大致的了解；要低声快读、熟读。

其二，背中要领。分段背，分层背，分句背，背完上一句再背下一句，连句成段。全篇背出后，对不熟练的地方再多下功夫，在反复背诵中不断加深对字词章句的理解。

其三，背后巩固。一要复习，背会的篇章往往很快就会遗忘，开始时忘的速度快，因此要及时复习，经常复习就可以长期不忘；二要默写，写一遍胜读十遍，默写既可以检验背诵效果，又能巩固记忆，且可加深对文义的理解；三要交流，可与同学、朋友经常交流背诵经验、心得，也可以开展背诵比赛。

背诵的好作品越多，就越能让“死背”活起来，人也变得聪明起来。

韩作[illegible]

丁酉年孟春

导　读

《名贤集》是我国古代对儿童进行伦理道德教育的蒙学教材之一，从内容上看应该是南宋以后儒家学者编撰的，但具体作者已经无从知晓了。它汇集了孔子、孟子以来历代名人贤士的美言善行和民间流传的格言谚语，讲述的都是为人处事、待人接物、治学修身的基本道理。

《名贤集》全书3000字左右，上下两句对仗成文，也有些句子前后关联形成段落。该书是一本汇编型通俗读物，其版本流传较多，不同版本汇集的内容、文字稍有不同，但整体同多异少，我们在各种版本的基础上做了整合。

《名贤集》语言明白流畅，通俗易懂，多有洞察世事、启发思考之句。如“酒要少吃，事要多知”一语点破日常生活常理;“路遥知马力，日久见人心”将知人识事的真谛朗朗道出;“酒逢知己千杯少,话不投机半句多”将人际交往状态形象地表述清楚;而“一朝马死黄金尽，亲者如同陌路人”则慨叹了封建时代的世态炎凉。

古代讲究熟读成诵，作为读物，《名贤集》按照四言、五言、六言、七言形式，单纯根据字数多少进行排列，这种排列方式易于诵读,读起来朗朗上口,但也使得很多句段上下文联系不紧密。在阅读时,建议要读思结合，按照勤学、自省、自立、孝敬、感恩、诚信、珍惜时间等主题,联系生活实际加深理解;而对文中表现出的遵循封建纲常、倡导读书做官等思想应加以甄别,以便去其糟粕、取其精华。

张　亮

四言集

但行好事，
莫问前程。
与人方便，
自己方便。
善与人交，
久而敬之。
人贫志短，
马瘦毛长。

【简注】

贫：也作“穷”，指困境、贫穷。

志短：指没有远大志向。

人心似铁，
官法如炉。
谏之双美，
毁之两伤。
赞叹福生，
作念恶生。
积善之家，
必有余庆。

【简注】

谏：当面劝导。
毁：暗地说坏话。

积恶之家，
必有余殃。
休争闲气，
日有平西。
来之不善，
去之亦易。
人平不语，
水平不流。

【简注】

休：不要。

平西：太阳在西方将要落山。

得荣思辱，
处安思危。
羊羔虽美，
众口难调。
事要三思，
免劳后悔。
太子入学，
庶民同例。

【简注】

调(tiáo)：调和。
三思：反复思考后再行动。

官至一品，
万法依条。
得之有本，
失之无本。
凡事从实，
积福自厚。
无功受禄，
寝食不安。

【简注】

一品：古代官分九品，一品是官品的最高一级。
禄：古代官吏的薪俸，泛指好处。

财高气壮，
势大欺人。
言多语失，
食多伤心。
送朋友酒，
日食三餐。
酒要少吃，
事要多知。

【简注】

送：送别。

相争告人，
万种无益。
礼下于人，
必有所求。
敏而好学，
不耻下问。

【简注】

礼：礼物，也可指礼貌，以礼相待。

敏：聪明。

好(hào)：喜欢。

下问：向下询问，向比自己学问低的人请教。

居必择邻，
交必良友。
顺天者存，
逆天者亡。
人为财死，
鸟为食亡。
得人一牛，
还人一马。

老实常在，
脱空常败。
三人同行，
必有我师。
人无远虑，
必有近忧。

【简注】

脱空：弄虚作假。

败：失败，这里指一事无成。

寸心不昧，

万法皆明。

明中施舍，

暗里填还。

人间私语，

天闻若雷。

【简注】

寸心：心里，内心。

昧：违背。

填还：回报。

暗室亏心，
神目如电。
肚里跷蹊，
神道先知。
人离乡贱，
物离乡贵。

【简注】

暗室：无人的地方，背地里。
跷蹊：即"蹊跷(qī qiao)"，奇怪可疑，此处指做坏事。
贱：被人轻贱，瞧不起。

杀人可恕，
情理难容。
人欲可断，
天理可循。
心要忠恕，
意要诚实。

【简注】

恕：饶恕。

狎昵恶少，
久必受累。
屈志老成，
急可相依。
施惠勿念，
受恩莫忘。

【简注】

狎昵(xiá nì)：与人亲近，本文指谄媚，贬义词。

恶少(shào)：品性恶劣、胡作非为的年轻人。

屈志老成：能够承受委屈，办事稳重，不轻举妄动的人。

勿营华屋，
勿谋良田。
祖宗虽远，
祭祀宜诚。
子孙虽愚，
诗书宜读。
刻薄成家，
理无久享。

【简注】

愚：这里指不谙世事，懵懂无知。
刻薄：冷酷，不宽容。

五言集

黄金浮世在，
白发故人稀。
多金非为贵，
安乐值钱多。
休争三寸气，
白了少年头。
百年随时过，
万事转头空。

耕牛无宿草，

仓鼠有余粮。

万事分已定，

浮生空自忙。

结有德之朋，

绝无义之友。

常怀克己心，

法度要谨守。

【简注】

宿草：存留过夜的草料。

克己：管束自己的言行举止。

君子坦荡荡，

小人常戚戚。

见事知长短，

人面识高低。

心高遮甚事，

地高偃水流。

【简注】

荡荡：浩大、宽广的样子。

戚戚：忧惧的样子。

人面：人的脸色表情，这里指察言观色的能力。

遮：遮挡，遏制。

偃：阻挡，阻塞，停止。

水深流去慢，
贵人语话迟。
道高龙虎伏，
德重鬼神钦。
人高谈今古，
物高价出头。
休倚时来势，
提防时去年。

【简注】

钦：钦佩。

倚：倚仗，依靠。

藤萝绕树生，
树倒藤萝死。
官满如花谢，
势败奴欺主。
命强人欺鬼，
运衰鬼欺人。
但得一步地，
何须不为人。

【简注】

谢：花落，凋谢。

人无千日好，
花无百日红。
人有十年壮，
鬼神不敢傍。
厨中有剩饭，
路上有饥人。
饶人不是痴，
过后得便宜。

【简注】

饶人：原谅、宽恕别人。

痴：蠢傻，愚笨。

量小非君子，
无度不丈夫。
路遥知马力，
日久见人心。
长存君子道，
须有称心时。
雁飞不到处，
人被名利牵。

【简注】

量：器量，气度。

度：胸怀，度量。

地有三江水，
人无四海心。
有钱便使用，
死后一场空。
为仁不富矣，
为富不仁矣。
君子喻于义，
小人喻于利。

【简注】

三江：说法不一，一说为长江、黄河、澜沧江，指宽广的江河水。

义：正道，大道理。

贫而无怨难，
富而无骄易。
百年还在命，
半点不由人。
在家敬父母，
何须远烧香。
家和贫也好，
不义富如何。

【简注】

百年：人生百年，指各种事情。
烧香：烧香拜佛，此处指祭鬼神。

晴干开水道，
须防暴雨时。
寒门生贵子，
白屋出公卿。
将相本无种，
男儿当自强。

【简注】

干：干燥，不下雨的时候。
寒门：穷苦人家。
白屋：贫苦平民的住所。

欲要夫子行，

无可一日清。

三千徒众立，

七十二贤人。

成人不自在，

自在不成人。

【简注】

夫子：对老师的尊称，这里指孔子。相传孔子有三千多名学生，其中七十二人最贤能。

自在：无拘无束，自在安逸。

国正天心顺，
官清民自安。
妻贤夫祸少，
子孝父心宽。
白云朝朝过，
青天日日闲。
自家无运至，
却怨世界难。

有钱能解语，
无钱语不听。
时间风火性，
烧了岁寒衣。
人生不满百，
常怀千岁忧。
来说是非者，
便是是非人。

【简注】

有钱能解语：意思是有钱人说的话能被理解，被领会。
风火性：像风火一样迅速，形容时光飞逝。

积善有善报，
积恶有恶报。
报应有早晚，
祸福自不错。
花有重开日，
人无常少年。
人无害虎心，
虎有伤人意。

上山擒虎易，
开口告人难。
忠臣不怕死，
怕死不忠臣。
从前多少事，
过去一场空。
满怀心腹事，
尽在不言中。

既在矮檐下，
怎敢不低头。
家贫知孝子，
国乱识忠臣。
但是登途者，
都是福薄人。
家贫君子拙，
时来小儿强。

【简注】

小儿：小人。

命好心也好，
富贵直到老。
命好心不好，
中途夭折了。
心命都不好，
穷苦直到老。

【简注】

夭折：年少而亡，这里指好运中途废止，富贵不长久。

年老心未老，
人穷志不穷。
自古皆有死，
民无信不立。

六言集

常将好事于人，
祸不临身害己。
既读孔孟之书，
必达周公之礼。
君子敬而无失，
与人恭而有礼。
事君数斯辱矣，
朋友数斯疏矣。

【简注】

孔孟之书：孔子和孟子的书，代指儒家经典。

数（shuò）：频繁。

斯：就。

人无酬天之力，

天有养人之心。

一马不备双鞍，

忠臣不事二主。

常想有力之奴，

不念无为之子。

人有旦夕祸福，

天有昼夜阴晴。

【简注】

酬：感谢。

无为：无所作为。

君子当权积福，
小人仗势欺人。
人将礼乐为先，
树将枝叶为圆。
马有垂缰之义，
狗有湿草之恩。

【简注】

圆：枝叶丰满的样子。

湿草之恩：狗为救助身陷火场的主人，用自己的身体沾水浸湿主人身边的草地，使主人得救。

运去黄金失色，
时来铁也争光。
怕人知道休做，
要人敬重勤学。
泰山不却微尘，
积少垒成高大。
人道谁无烦恼，
风来浪也白头。

七言集

贫居闹市无人问，
富在深山有远亲。
人情好似初相见，
到老终无怨恨心。
白马红缨彩色新，
不是亲者强来亲。

【简注】

初相见：第一次相见。

白马红缨：指人春风得意之时，这里指做官有权有势。

一朝马死黄金尽，

亲者如同陌路人。

青草发时便盖地，

运通何须觅故人。

但能依理求生计，

何必欺心作恶人。

才与人交辨人心，

高山流水向古今。

【简注】

高山流水：知心朋友。

莫做亏心侥幸事，
自然灾祸不来侵。
人着人死天不肯，
天着人死有何难。
我见几家贫了富，
几家富了又还贫。
三寸气在千般用，
一旦无常万事休。

【简注】

着(zhuó)：命令，要想。

三寸气：一口气，即人活着，这里指人的生命。

人见利而不见害，
鱼见食而不见钩。
是非只为多开口，
烦恼皆因强出头。
平生正直无私曲，
问甚天公饶不饶。
猛虎不在当道卧，
困龙也有升天时。

【简注】

卧：躺着或趴着，亦可指睡觉。

临崖勒马收缰晚，
船到江心补漏迟。
家业有时为来往，
还钱常记借钱时。
金风未动蝉先觉，
暗算无常死不知。
善恶到头终有报，
只争来早与来迟。

【简注】

勒马：拉紧缰绳，使马停止奔驰。

金风：秋风。

蒿里隐着灵芝草，
淤泥陷着紫金盆。
劝君莫做亏心事，
古往今来放过谁。
山寺日高僧未起，
算来名利不如闲。

【简注】

蒿：野草。

紫金：一种珍贵的矿物。

人生稀有七十余，
多少风光不同居。
长江一去无回浪，
人老何曾再少年。
大道劝人三件事，
戒酒除花莫赌钱。
言多语失皆因酒，
义断亲疏只为钱。

【简注】

除花：改掉嫖娼、好色等劣行，不贪恋女色。

有事但近君子说，
是非休听小人言。
妻贤何愁家不富，
子孝何须父向前。
心好家门生贵子，
命好何须靠祖田。
侵人田土骗人钱，
荣华富贵不多年。

【简注】

但：只。

莫道眼前无报应，

分明折在子孙边。

酒逢知己千杯少，

话不投机半句多。

衣服破时宾客少，

识人多处是非多。

草怕严霜霜怕日，

恶人自有恶人磨。

【简注】

磨：制约，惩治。

月过十五光明少，
人到中年万事和。
良言一句三冬暖，
恶语伤人六月寒。
雨里深山雪里烟，
看时容易做时难。
无名草木年年发，
不信男儿一世穷。

若不与人行方便，
念尽弥陀总是空。
少年休笑白头翁，
花开能有几日红。
越奸越狡越贫穷，
奸狡原来天不容。
富贵若从奸狡得，
世间呆汉吸西风。

【简注】

呆汉：老实人。

吸西风：喝西北风，指没法生活。

忠臣不事二君主，

烈女不嫁二夫郎。

小人狡猾心肠歹，

君子公平托上苍。

一字千金价不多，

会文会算有谁过。

身小会文国家用，

大汉空长作什么。

【简注】

一字千金：据《史书》记载，吕不韦使门客编《吕氏春秋》后，曾经将书与金子悬挂在咸阳城门上，称“有能增损一字者予千金”，一字千金便由此而来。